MDS : 661138
ISBN : 978-2-215-14304-8

Dépôt légal à la date de parution.
Conforme à la loi n° 49-956 du 16 juillet 1949
sur les publications destinées à la jeunesse.
Imprimé en Italie (03/15).

Les POMPIERS ça sert à quoi ?

Texte :
Sophie Bellier

Images :
Sophie Ledesma

FLEURUS

FLEURUS ÉDITIONS, 15-27, rue Moussorgski, 75018 PARIS
www.fleuruseditions.com

Beaucoup d'enfants rêvent d'être pompiers. Sauf Barnabé. Aujourd'hui, la maîtresse fait découvrir ce métier aux élèves. Elle leur demande de raconter une rencontre avec les pompiers. Barnabé n'a rien à raconter. Il n'en a jamais vu. Et puis lui, il voudrait être boulanger. Alors, Barnabé s'assoit au fond de la classe et dessine dans son coin.

Les pompiers
1
2
3
4
5

- Pour attraper un oiseau, raconte Anon, mon chat a grimpé tout en haut du cerisier. Mais il ne pouvait plus redescendre.
- Et les pompiers l'ont sauvé ? demande Barnabé.
- Avec une échelle, un pompier est allé le chercher et j'ai pu à nouveau le serrer dans mes bras. Jamais je n'oublierai le jour où j'ai rencontré les pompiers !

- L'été dernier, dit Patou, je faisais du camping. Dans la nuit, un feu s'est déclaré. Les flammes arrivaient près des tentes. J'avais très peur.
- Et les pompiers t'ont sauvé ? demande Barnabé.
- Avec une lance à eau, ils ont éteint le feu et ils nous ont mis en sécurité dans un gymnase. Jamais je n'oublierai le jour où j'ai rencontré les pompiers !

– L'été, raconte Biquet, je fais des randonnées en montagne. Un jour, ma petite sœur a trébuché et a glissé dans un trou. Elle ne pouvait plus remonter.

– Et les pompiers l'ont sauvée ? demande Barnabé.

– Ils sont arrivés en hélicoptère. Avec une corde, ils sont descendus dans le trou et ont remonté ma petite sœur. Jamais je n'oublierai le jour où j'ai rencontré les pompiers !

– Dans le jardin de ma grand-mère, explique Chatou, il y avait un essaim de guêpes. Elles volaient partout et risquaient de nous piquer.
– Et les pompiers t'ont sauvé ? demande Barnabé.
– Vêtus de drôles de tenues, ils ont enfumé les guêpes pour les endormir. Ensuite, ils ont enlevé l'essaim et nous avons pu à nouveau courir dans le jardin. Jamais je n'oublierai le jour où j'ai rencontré les pompiers !

- Moi, dit Domito, je regardais des dessins animés avec Papa. Nous avons senti une odeur de brûlé. Il y avait le feu dans l'immeuble !

- Et les pompiers t'ont sauvé ? demande Barnabé.

- Pendant qu'ils éteignaient le feu avec leurs lances à eau, un pompier est entré par la fenêtre. Il m'a pris dans ses bras et m'a descendu par la nacelle en me disant de ne pas m'inquiéter. Jamais je n'oublierai le jour où j'ai rencontré les pompiers !

10

- Je me baignais dans un lac avec mon chien, raconte Mounette. Mais ce coquin est allé trop loin. Il n'arrivait plus à revenir au bord. Il était en train de se noyer.

- Et les pompiers l'ont sauvé ? demande Barnabé.

- Habillés de combinaisons de plongée, ils ont nagé jusqu'à mon chien et l'ont ramené au bord.

Ils lui ont fait des massages et mon chien a de nouveau respiré. Jamais je n'oublierai le jour où j'ai rencontré les pompiers !

– Un jour, raconte Tanou, mon petit frère s'est perdu dans la forêt. Nous l'avons cherché partout, mais sans le trouver.

– Et les pompiers l'ont sauvé ? demande Barnabé.

– Ils sont partis à sa recherche avec des chiens. Grâce à leur flair, ils l'ont vite retrouvé. Je l'ai serré très fort dans mes bras tant j'étais content de le revoir. Jamais je n'oublierai le jour où j'ai rencontré les pompiers !

Barnabé est triste. Comme ses amis, il aurait bien aimé rencontrer un pompier. Dans la cour de récréation, Barnabé est tombé. Il ne peut plus se relever, sa jambe est cassée.

– Ne t'inquiète pas, lui disent ses amis, les pompiers vont te sauver.

Un pompier a placé une attelle sur la jambe de Barnabé.

Allongé sur une civière dans le camion qui l'emmène à l'hôpital, Barnabé tient bien serrée la main du pompier.

– Jamais je n'oublierai le jour où je vous ai rencontré, dit Barnabé.

Accompagnés de la maîtresse, tous ses amis sont venus lui rendre visite.
- J'ai maintenant une histoire de pompiers à raconter, dit Barnabé en riant. Les pompiers sont de vrais héros. Pour nous sauver, ils mettent leur vie en danger. Chaque fois que l'on a besoin d'eux, on peut les appeler. Beaucoup d'enfants rêvent d'être pompiers. Même Barnabé !